Frutas y Vegetales Fila por Fila

I0559823

Other Titles by this Author:

- *Fruits and Veggies Row by Row: Children Explain How Plants Grow in Their Garden* | English
- *Frutas y Vegetales Fila por Fila: Los Niños Explican Cómo Crecen las Plantas en su Jardín* | Spanish & English
- *I Spy Vegetables: A Seek and Find Early Science and Math Experience* | English
- *Espío Vegetales: Una Experiencia Temprana de Ciencias y Matemáticas (Buscar y Encontrar)* | Spanish & English
- *I Spy Fruit: A Seek and Find Early Science and Math Experience* | English
- *Espío Frutas: Una Experiencia Temprana de Ciencias y Matemáticas (Buscar y Encontrar)* | Spanish & English
- *We Eat Food That's Fresh: A Children's Picture Book about Tasting New Fruits and Vegetables (3rd Edition)* | English
- *Comemos Comida Fresca: Un Libro para Los Niños Sobre Probando Nuevas Frutas y Verduras* | Spanish & English
- *Fruits & Veggies Making Faces: A Children's Picture Book About Feelings, Emotions, and Self-Expression* | English
- *We Love the Company: A Children's Picture Book About Table Manners (2nd Edition)* | English
- *Nos Encanta la Compañía: Un Libro Para Niños Sobre Modales en la Mesa* | Spanish & English
- *When You Find Colors and Shapes: A Physically Interactive Early Math and Science-Based Children's Picture Book* | English
- *Cuando Encuentres los Colores y las Formas* | Spanish & English
- *Quand Vous Trouvez les Couleurs et les Formes* | French & English
- *Jisel's Gifts: An Inspiring True Story of Empathy, Kindness, and Giving Back to the Community* | English

About the Author:

Angela Russ-Ayon resides in Long Beach, California, with her family. She is an author, keynote speaker, producer, and trainer on early childhood development, as well as the owner of the Russ InVision Company children's record label. Her company boasts over $1.5 million in sales, has been presented with nine early childhood music awards of excellence, and is represented by school suppliers nationwide. Her specialty is engaging young children in interactive song and dance using fine and gross motor activities that promote interactive learning, inspire imaginative play, help build brain pathways and bridge educational gaps.

About the Illustrator: José Gascón H.

José Gascón H. holds a degree from The Center of Image and Sound and has worked with former animation directors from major production studios such as Walt Disney, Warner Brothers, Hanna Barbera, and Universal. He spent seven years working as an Art Director and Animation Supervisor for a major corporation in Asia until settling in Toronto, Canada, where he has been serving as adjunct faculty for leading institutions such as The Art Institute, Kennedy College of Technology, and Max The Mutt College of Animation Art & Design. During his extensive career, he has collaborated on popular television shows and feature films.

Spanish Translator: Nancy Lopez-Hernandez

1st edition
©2018 Russ InVision Company. All rights reserved.
For information about permission to reproduce selections of this book, contact:

Russ InVision Company
E-mail: info@abridgeclub.com
www.abridgeclub.com

ISBN: 978-1-958627-06-8
IngramSpark SPANISH Paperback
2nd Edition

Planeamos hacer nuestra jardinería
en el verano, el otoño, el invierno, o la primavera.
La tierra es fértil para el cultivo,
y nuestro trabajo es muy gratificante.

We plan to do our gardening in summer, fall, winter, or spring.
The land is fertile for the tilling, and our work is so fulfilling.

Tú también puedes comenzar un jardín.
Permítenos mostrarte qué hacer.
Usa herramientas como una pala y un azadón
para plantar tu jardín fila por fila.

You can start a garden, too. Let us show you what to do.
Grab tools like a spade and hoe to plant your garden row by row.

Sigue tu diseño o plan.
Organiza las filas lo mejor que puedas:
larga y recta, de lado a lado,
en una parcela, profunda y amplia.

Follow your design or plan. Arrange the rows as best you can:
long and straight, side by side, on a plot, deep and wide.

Héchale tierra y dale palmaditas suaves
hasta que los montoncitos estén lisos y planos.

Scoop in dirt and gently pat
until the mounds are smooth and flat.

Las plantas necesitan agua. Espera y vierte.
Espera y vierte y espera un poco más.
Las cosas no suceden de inmediato,
pero sigue cuidándolas día a día.

Plants need water. Wait and pour. Wait and pour and wait some more.
Nothing happens right away, but keep on tending every day.

Excava las zanahorias bajo la tierra;
ahí es donde las raíces se encuentran.
Los tallos verdes crecen en la parte de arriba,
así que busca debajo para lo anaranjado.

Dig for carrots underground; that is where the roots are found.
Green stems grow on top, you know, so look for orange down below.

CARROTS
Las Zanahorias

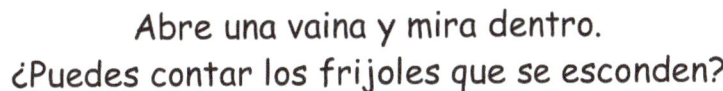

Abre una vaina y mira dentro.
¿Puedes contar los frijoles que se esconden?

Open a pod and look inside.
Can you count the beans that hide?

Las uvas cuelgan todas agrupadas.
Les gusta el clima calientito y acogedor.

Grapes hang clustered all together.
They like warm and cozy weather.

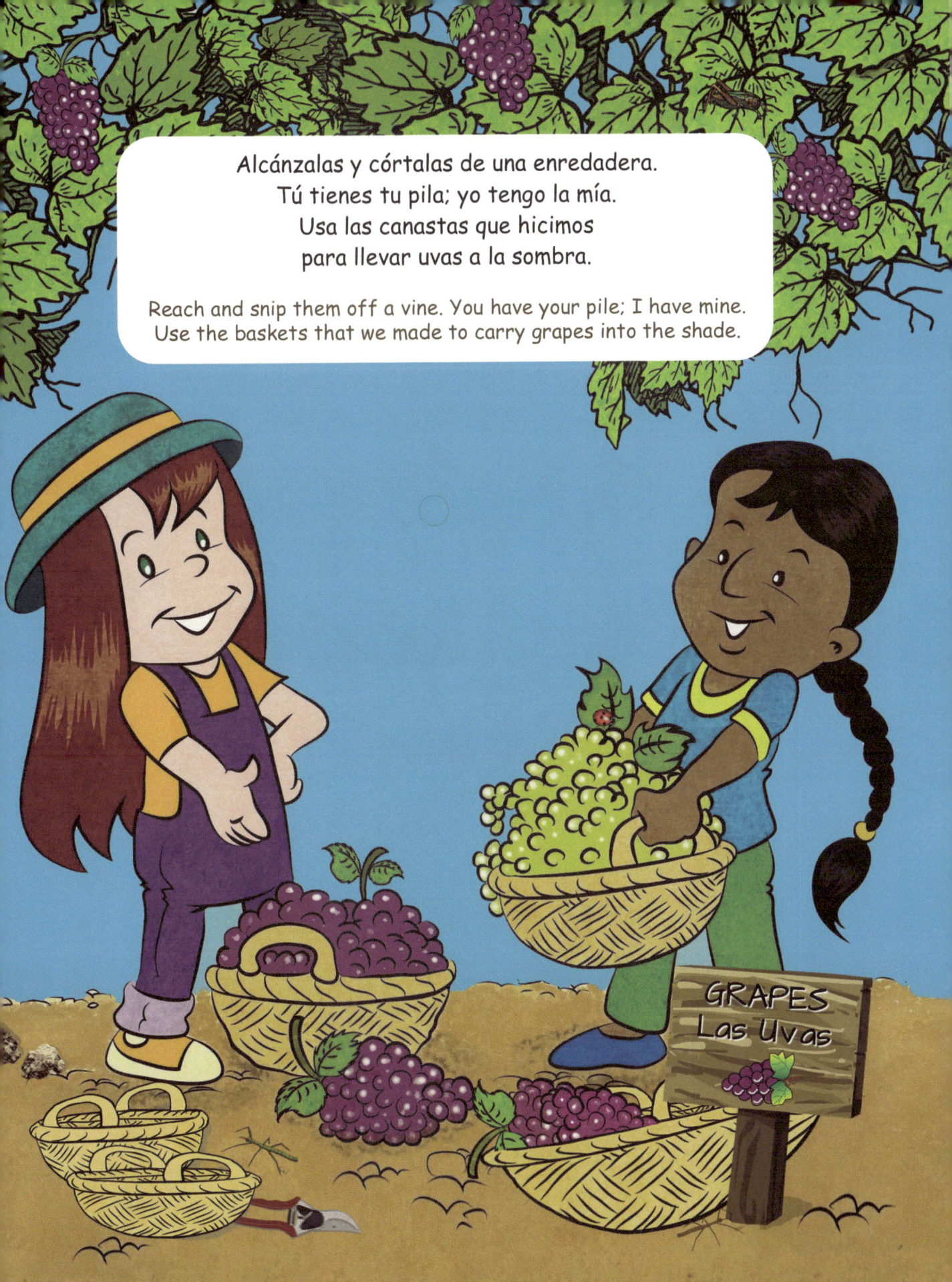

Alcánzalas y córtalas de una enredadera.
Tú tienes tu pila; yo tengo la mía.
Usa las canastas que hicimos
para llevar uvas a la sombra.

Reach and snip them off a vine. You have your pile; I have mine.
Use the baskets that we made to carry grapes into the shade.

GRAPES
Las Uvas

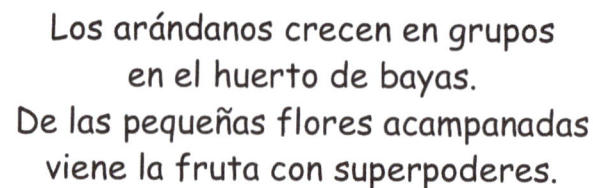

Los arándanos crecen en grupos
en el huerto de bayas.
De las pequeñas flores acampanadas
viene la fruta con superpoderes.

Blueberries grow in a batch
over in the berry patch.
From the tiny bell-shaped flowers
comes the fruit with superpowers.

Las mariposas se alimentan de ellas, también,
pero hay suficientes aquí para ti.
Algunas están maduras y otras no.
¿Puedes distinguir cuáles tengo?

Butterflies feed on them, too,
but there are plenty here for you.
Some are ripe, and some are not.
Do you know which ones I've got?

BLUEBERRIES
Los Arándanos

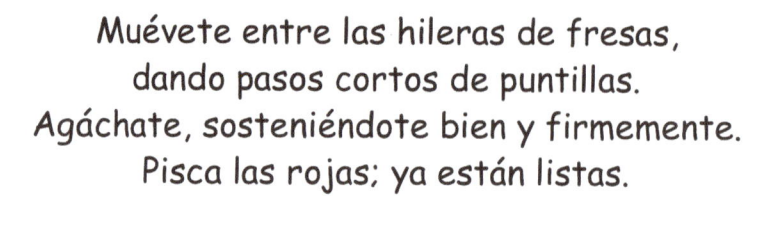

Muévete entre las hileras de fresas,
dando pasos cortos de puntillas.
Agáchate, sosteniéndote bien y firmemente.
Pisca las rojas; ya están listas.

Move between strawberry rows, taking short steps on your toes.
Bend down, holding nice and steady. Pick the red ones; they are ready.

STRAWBERRIES
Las Fresas

La lechuga romana toma más campo
cuando las hojas se abren y florecen.
También el repollo, pero en el centro
se encuentra una cabeza ceñida y redonda.

Romaine lettuce takes more room when the leaves open and bloom.
So does cabbage, but instead, the center holds a snug, round head.

ROMAINE
LETTUCE
La Lechuga
Romana

CABBAGE
El Repollo

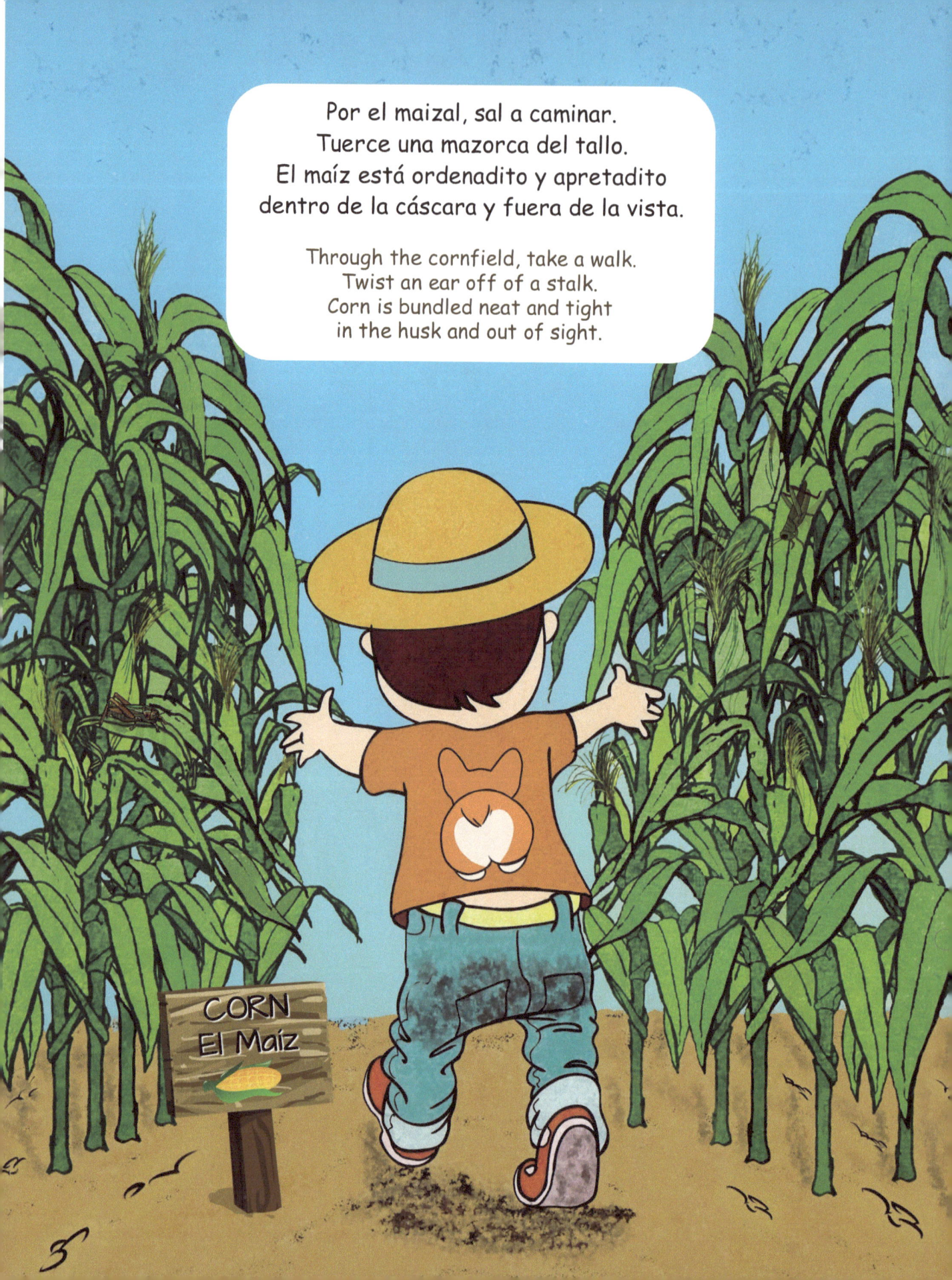

Por el maizal, sal a caminar.
Tuerce una mazorca del tallo.
El maíz está ordenadito y apretadito
dentro de la cáscara y fuera de la vista.

Through the cornfield, take a walk.
Twist an ear off of a stalk.
Corn is bundled neat and tight
in the husk and out of sight.

CORN
El Maíz

Ahora tienes un trabajito:
pelar la mazorca fresca.
Quita la hoja y los pelitos sedosos
que están entre los granos.

Now you have a little job:
to shuck the fresh corn on the cob.
Peel the husk and silky hair
from in between the kernels there.

Las calabazas crecerán pesadas y gordas
con hojas que se voltean por encima y por debajo
en enredaderas robustas que se retuercen y giran
como líneas largas y onduladas.

Pumpkins grow heavy and fat with leaves that flip this way and that
on sturdy, swirling, curling vines that look like twisting wavy lines.

PUMPKINS
Las Calabazas

Los capullos de brócoli son verdes y desiguales.
Sus flósculos se sienten ásperos y grumosos.
Corta las cabezas firmes en la parte superior
cuando tengas una cosecha abundante.

Broccoli buds are green and lumpy. Their florets feel rough and bumpy.
Cut the firm heads at the top when you have a hearty crop.

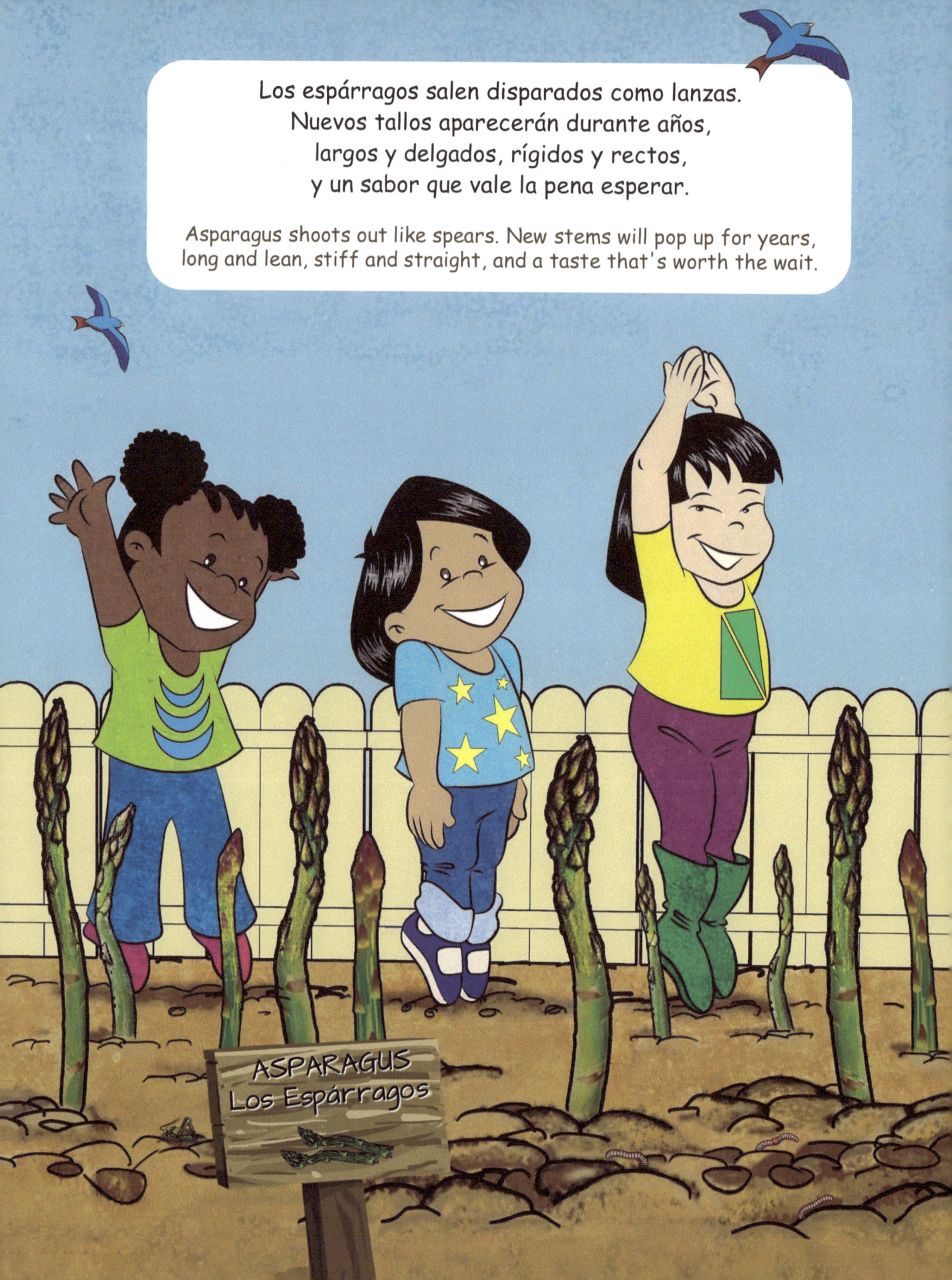

Los espárragos salen disparados como lanzas.
Nuevos tallos aparecerán durante años,
largos y delgados, rígidos y rectos,
y un sabor que vale la pena esperar.

Asparagus shoots out like spears. New stems will pop up for years,
long and lean, stiff and straight, and a taste that's worth the wait.

ASPARAGUS
Los Espárragos

Los tomates pueden ser grandes o pequeños;
rojos, verdes, amarillos ... plántalos todos.
Dales una maceta espaciosa a cada uno,
descansando en un lugar soleado.

Tomatoes can be large or small: red, green, yellow... plant them all.
Give each type a roomy pot resting in a sunny spot.

Las ramas se extienden sobre el suelo
con naranjas, jugosas y redondas.
Tienen segmentos, pulpa, semillas,
y vitamina C que tu cuerpo necesita.

Branches stretch above the ground
with oranges, juicy and round.
They have segments, pulp, seeds,
and vitamin C your body needs.

Los plátanos cuelgan alto en el aire.
Inclina tu cabeza para mirar allá arriba.
Una piel amarilla protege el sabor
de la dulce fruta para que la disfrutes.
¿Los ves juntos en un montón?
¿Quién los conseguirá para nuestro almuerzo?

Bananas hang high in the air. Tilt your head and look up there.
A yellow peel protects the flavor of sweet fruit for you to savor.
See them huddled in a bunch? Who will get them for our lunch?

BANANAS
Los Plátanos

Cuando descansamos y tomamos asiento,
elegimos alimentos saludables para comer.
Las frutas y las verduras son deliciosas.
Lo que cultivamos es muy nutritivo.

When we rest and take a seat, we choose healthy food to eat.
Fruits and veggies are delicious. What we grow is so nutritious.

Planta los alimentos que come tu familia,
como la coliflor, la calabaza, o la remolacha ~
cebollas, bok choy, melones, bayas,
aguacates, chícharos, o cerezas.

Plant the food your family eats,
like cauliflower, squash, or beets -
onions, bok choy, melons, berries,
avocados, peas, or cherries.

Cultiva tu jardín fila por fila
y cosecha cada cultivo que siembres.

Farm your garden row by row
and harvest every crop you sow.

Puntos de Conversación y Momentos de Enseñanza

▲ Las plantas son seres vivientes. Cuídalas bien.

▲ Los jardines crecen en una variedad de lugares: adentro, afuera - en macetas, en jardineras, maceteros, parcelas comunitarias, invernaderos, patios, y en las granjas.

▲ Identifica y clasifica frutas contra las verduras.

▲ Planificación y organización de un jardín:
  • el mejor momento para plantar semillas
  • los cultivos que se maduran rápidamente contra lentamente
  • la ubicación perfecta para cada planta
  • el clima o la temperatura adecuada
  • las variaciones de plantas
  • las plantas comestibles contra las que no son comestibles

▲ Herramientas y equipo para la jardinería: semillas, tierra, pala, azadón, rastrillo, llana, balde, pala corta, manguera, regadera, escalera, regla, carretilla, maceta, canasta, enrejado, etc.

▲ Cómo las plantas crecen de manera diferentes: raíces, enredaderas, arbustos, árboles, como con flores, a diferentes alturas, etc.

▲ La anatomía de la planta, las partes/los componentes y la función: semilla, bulbo, hoja, tallo, vaina, botón, rama, mazorca, corteza, tronco, piel, espinas, pétalos, etc.

▲ Las partes comestibles de ciertas plantas: tallo, hoja, raíz, piel, flor, vaina, pulpa, cáscara, y semillas.

▲ Otro vocabulario y terminología:
  • Términos matemáticos iniciales: largo, recto, profundo, ancho, alto, bajo, aumento, adentro, pocos, grande, superior, etc.
  • Términos de jardinería: excavar, plantar, regar, enpinar, cultivar, desmalezar, roca, guijarros, parches, parcelas, maduro, piscar, cosechar, etc.

• Conceptos de movimiento: arrancar, cavar, dejar caer, palmear, caminar, torcer, pelar, sostener, tocar, atrapar, caminar de puntillas, pararse, estirar, girar, cortar, exprimir, etc

▲ El ciclo de la vida de las frutas y las verduras.

▲ Los patrones, las líneas, y los caminos encontrados en y alrededor del jardín.

▲ El proceso de la fotosíntesis: las plantas producen su propio alimento capturando la energía de la luz solar y obtienen su alimento (nutrientes) a través de recursos naturales como la tierra, el agua, y el aire.

▲ Los insectos y la vida animal alrededor de las plantas. Usa una lupa para localizar las mariquitas, abejas, mariposas, orugas, escarabajos, caracoles, saltamontes, gusanos, hormigas, arañas, grillos, mantis religiosas, libélulas, y insectos palos en las páginas.

▲ Los efectos del clima en el jardín: luz solar, sombra, lluvia, sequía, viento, calor, o frío.

▲ El proceso científico: el proceso del método científico implica hacer una pregunta, hacer conjeturas, estimaciones o predicciones (hipótesis), probar con un experimento, analizar los datos de los resultados del experimento, y sacar una conclusión.

▲ Características de las frutas y verduras: color, tamaño, forma, aroma, textura, sabor, etc. Usa todos los sentidos para explorar e investigar.

▲ ¡Observa, clasifica, mide, compara, contrasta y cuestiona TODO!

▲ Los conceptos apropiados para cada edad en las ciencias biológicas, las ciencias de la tierra y las ciencias físicas: la botánica, la biología, y la química.

▲ Diagrama, mapa y haz un diario de la experiencia de la jardinería.

Talking Points and Teachable Moments

- ▲ Plants are living things. Take good care of them.

- ▲ Gardens grow in a variety of places: inside and outside - in pots, raised beds, wall planters, community plots, greenhouses, backyards, and on farms.

- ▲ Identify and classify fruits versus vegetables.

- ▲ The characteristics of fruits and vegetables: color, size, shape, scent, texture, flavor, etc. Use all senses to explore and investigate.

- ▲ Plan and organize a garden:
  - best season to plant seeds
  - crops that mature quickly vs. slowly
  - perfect location for each plant
  - suitable weather or temperature
  - variation of plants
  - edible vs. nonedible plants
  - managing pests and diseases

- ▲ Gardening tools and equipment: seeds, dirt/soil, shovel, hoe, rake, trowel, bucket, spade, hose, watering can, ladder, ruler, wheelbarrow, pot, basket, trellis, etc.

- ▲ How plants grow differently: roots, vines, bushes, trees, like flowers, at different heights, etc.

- ▲ Plant anatomy - parts/components and function: seed, bulb, leaf, stem, pod, roots, flower bud, branch, ear, rind, trunk, skin, thorns, petals, etc.

- ▲ Edible and nonedible parts of certain plants: stem, leaf, root, skin, flower, pod, pulp, rind, and seeds.

- ▲ Other vocabulary and terminology:
  - Early math terms: long, straight, deep, wide, high, short, increase, inside, few, big, top, etc.
  - Gardening terms: dig, plant, water, pour, grow, weed, rock, pebble, patch, plot, ripe, pick, harvest, etc.

- • Movement concepts: pull, dig, drop, pat, walk, twist, peel, hold, tap, catch, tiptoe, stand, stretch, twirl, cut, squeeze, etc.

- ▲ Patterns, lines, and pathways found in and around the garden.

- ▲ The life cycle of fruits and vegetables.

- ▲ The process of photosynthesis: plants make their own food by capturing energy from sunlight and getting their food (nutrients) through natural resources such as the soil, water, and air.

- ▲ Use a magnifying glass to locate the insects and animals on the pages: ladybugs, bees, beetles, butterflies, caterpillars, grasshoppers, snails, worms, ants, spiders, crickets, praying mantises, dragonflies, and stick bugs.

- ▲ The effects of weather on the garden: sunlight, shade, rain, drought, wind, heat, or cold.

- ▲ The scientific method process involves asking a question, guessing, estimating, or predicting (hypotheses), testing with an experiment, analyzing data from the results of the experiment, and drawing a conclusion.

- ▲ Observe, classify, measure, compare, contrast, and question EVERYTHING!

- ▲ Age-appropriate concepts in the life, earth, and physical sciences - botany, biology, and chemistry.

- ▲ Diagram, map, and journal the gardening experience.

www.ingramcontent.com/pod-product-compliance
Lightning Source LLC
Chambersburg PA
CBHW041442120626
46547CB00002B/304